AF395976

BOULANGERIE

des Familles

FAIRE LE PAIN CHEZ SOI

LILLE

IMPRIMERIE DE E. REBOUX

Vieux-Marché-aux-Poulets, 17

—

1857

Assez généralement, toute chose qui constitue une innovation
est l'objet de controverses et d'objections. Les appareils qui com-
posent ma **Boulangerie des familles** devaient subir cette
épreuve. Il m'est doux de pouvoir dire que c'est à cette épreuve
même qu'est dû l'immense succès qu'ils ont obtenu, et il devait
en être ainsi, car, ayant surtout travaillé pour mon usage particulier,
je devais avoir à souffrir le premier de leurs imperfections, et
ajoutant à cela les avis, les conseils, les reproches même de tous
ceux qui s'en servaient, il fallait arriver à la perfection ; j'ai le droit
d'ajouter que c'est ce qui s'est produit.

A l'heure qu'il est, mes nouvelles machines fonctionnent dans
un très grand nombre de localités, et il m'a été donné la satisfaction
de ne recevoir que des éloges de la part des personnes qui en font
usage.

En ces circonstances, la petite notice qui traite de la **Boulangerie des familles** devait recevoir quelques corrections ;
je n'ai pas hésité à les lui faire subir et à publier cette nouvelle
édition.

Mes machines sont telles qu'aujourd'hui j'expédie avec **enga-
gement** de reprise à mes frais, si elles ne produisent pas ce qui
est avancé.

Chaque fois que six appareils sont à livrer dans une localité,
telle éloignée qu'elle soit, mon contre-maître ou moi allons en
personne procéder à leur installation, et cela moyennant un supplément de 10 à 15 % suivant leur valeur.

EECKMAN - LECROART.

BOULANGERIE DES FAMILLES

LA FABRICATION DU PAIN

MISE A LA PORTÉE DE TOUS LES MÉNAGES.

Pourquoi n'allons-nous pas au restaurateur chercher notre dîner, comme nous allons au boulanger acheter notre pain ?

C'est que les instruments dont on se sert pour faire la cuisine sont plus perfectionnés que ceux qui servent à faire le pain.

Ce fut sous l'influence de ces réflexions que je cherchais à m'établir une boulangerie de ménage. Tout d'abord, je n'avais travaillé que pour moi; c'est à la prière de quelques amis, dont les dames ou les demoiselles se font un jeu de cuire elles-mêmes leur pain, et après les avoir perfectionnés et appropriés aux besoins généraux, que je me suis décidé à en faire construire et à les offrir au public.

Ce petit livre, qui me semble le complément de l'entreprise que j'ai formée, est écrit dans l'unique but de faciliter l'usage de mes appareils à tous ceux auxquels il pourra convenir de s'en servir, et, afin qu'aucun reproche ne puisse m'atteindre, je dirai les avantages et les inconvénients qu'ils comportent.

Ces appareils, qui sont **brevetés** sans garantie du gouvernement en **France** et à l'étranger, se recommandent par les sanctions suivantes :

1° Par ordre de **S. M. l'Empereur,** ils ont été admis à fonctionner à l'Exposition universelle de 1855, et y ont obtenu une **médaille de deuxième classe;**

2° Par ordre de **S. Exc. le Ministre de la Marine,** ils ont été installés à bord de navires de l'État;

3° En 1856, ils ont reçu du jury du **Concours agricole universel** une mention honorable, etc.;

4° Le pétrin est le **seul** recommandé dans le rapport de **M. le baron Thénard** à **S. Exc. le Ministre de la guerre;**

5° **Au Concours régional de Melun,** ils ont obtenu une **médaille d'argent;**

Enfin, le jury du **Concours départemental** tenu à **Douai** en 1857, leur a décerné une **médaille d'argent.**

Avant tout, je voulais un four portatif faisant partie du mobilier et ne faisant pas corps avec l'habitation, en un mot, un meuble, et non pas un immeuble; puis, je cherchais à l'établir de telle sorte qu'on pût au besoin le rendre fixe et enveloppé de maçonnerie, et que, de plus, on put y cuire indistinctement le pain et toutes autres espèces d'aliments bouillis ou rôtis; enfin, d'un prix accessible à tous et pouvant être desservis par une domestique; je voulais encore simplifier le travail du pétrissage, si fatiguant et si peu fait pour satisfaire les palais les moins délicats.

Ce n'est qu'après avoir atteint ce résultat que j'ai pris le parti d'offrir au public des appareils présentant tous ces avantages réunis.

Désormais, chacun pourra sans fatigue, sans ennui, sans

crainte de nuire à la santé de ses domestiques, faire son pain chez soi, dans de très jolis meubles, et offrant des économies de combustible telles qu'en peu d'années ils seront payés.

Avec le pétrin, chaque ménagère peut elle-même pétrir sa pâte sans fatigue aucune. Avec le four, plus de chance d'incendie, emploi très économique de tous les combustibles, plus de ces emplacements enfumés où le pain, notre principal aliment, se prépare au milieu de la poussière, et se trouve exposé au contact de la transpiration des hommes chargés de le pétrir. Avec le nouveau mode d'enfournement, il n'est plus besoin de ce dégoûtant torchon attaché à une perche, que l'on trempe souvent dans l'eau la plus ordurière. Jamais la flamme ni la fumée n'ont accès dans l'intérieur du four, ce qui donne pour résultat des pains toujours propres, et l'emploi des formes en tôle, dont le principal but est l'économie du terrain, donne à la croûte une apparence toujours belle et appétissante.

Pour la cuisson des aliments, c'est encore plus simple. Dans les fours en tôle, tout ce qui est bouilli s'obtient au moyen de marmites, que l'on place à volonté sur les étagères, sans avoir besoin de s'en occuper. Tout se fait comme au bain-marie; seulement, au lieu que ce soit par la vapeur humide, c'est par la vapeur sèche qu'on obtient la cuisson, qui s'opère si uniformément que les marmites, qui sont hermétiquement closes, ne laissent jamais rien échapper et n'occasionnent aucune déperdition. De plus, comme les marmites sont placées sur le carrelage, jamais aucun aliment ne brûle, ni adhère aux parois de la marmite, en un mot, tout s'y cuit à l'étouffé et de la manière la plus heureuse et la plus agréable. On procède de même dans les fours fixes maçonnés, mais, de plus, on y installe des chaudières mobiles et à demeure, où tout s'y fait comme sur les fourneaux ordinaires. Ces chaudières permettent de chauffer l'eau nécessaire à un bain ou à une lessive.

Pour les viandes à rôtir, on les place sur des plats creux, soit de fer étamé ou de faïence, et en activant un peu le feu, on obtient une chaleur suffisante pour voir la viande prendre le plus heureux coloris et arriver à la plus parfaite cuisson. Les sauces se préparent au-dessus du four, à l'endroit où débouche la flamme venant des foyers; c'est également là que se font les fritures de poissons et d'œufs. La pâtisserie cuit merveilleusement dans le four, et c'est une fête pour les enfants que la cuisson du pain, car par l'adjonction d'un ou deux œufs et d'un peu de beurre dans une portion de pâte, on obtient facilement un gâteau ou une croquante.

Ces fours permettent encore de faire sécher dans les plus heureuses conditions des prunes, des poires, des pommes, des cerises, etc., pour la conserve, conditions qui les ont fait admettre par beaucoup de **propriétaires de châteaux** et de **maisons de campagne.**

Portatifs, ces fours n'exigent aucune maçonnerie, ni aucun frais d'installation ; à **Paris,** à **Melun,** à **Douai,** etc., ils ont fonctionné en plein air.

Fixes, l'extérieur est en briques et la construction en est rendue facile par des plans en image qui accompagnent les envois.

On y brûle toute espèce de combustible : bois de toutes les essences, résineux ou autres, charbon, débris de toute nature, et sans que jamais l'odeur ou la fumée nuise aux aliments.

Divers usages des fours

POUR LES USINES, LES COLONIES ET LES CITÉS OUVRIÈRES, LA MA-
RINE DE L'ÉTAT, LA MARINE MARCHANDE, LES COLLÉGES, LES
HOPITAUX, LES COUVENTS, LES ASILES, LES HOTELS, LES ÉTA-
BLISSEMENTS DE BAINS, LES FOURS COMMUNAUX, LES BUREAUX
DE BIENFAISANCE, LES FERMES, ETC., ETC.

Le plus souvent, les ouvriers quittent leur domicile et
même leur village pour aller à une certaine distance gagner
leur salaire quotidien. Cette condition les condamne à ne
prendre pour toute nourriture que des aliments froids, et,
partant, peu *réchauffants*, à moins qu'ils ne dépensent une
partie du salaire de leur journée pour aller manger à la
gargotte. Il est pénible de dire que la majeure partie de ces
ouvriers ne gagnant pas assez pour faire ces dépenses, sans
que leur famille ne s'en ressente considérablement, ils
s'imposent cette privation et mangent le pain sec. Dans le
but de remédier à cet état de choses, sans entraîner les
patrons à de grands frais, j'ai cherché, au moyen de mes
fours, à donner à chaque ouvrier la facilité de cuire ou de
chauffer ses aliments pendant le temps employé au travail
et sans qu'il ait à s'en occuper. Voici la marche à suivre :
Si un industriel ou un maître de chantier est disposé à
faire un léger sacrifice en faveur de ses ouvriers, il suffit
de leur assigner un hangar, où ils seront à couvert, et au
milieu duquel on place un four, qui d'abord transforme ce
hangar en chauffoir ; un gamin de quatorze à quinze ans
suffit à son service, puis, on range à l'intérieur du four,
sur les étagères disposées à cet effet, les marmites de
chaque ouvrier, ou de chaque famille, ou encore de chaque

groupe d'ouvriers amis se réunissant en commun pour la cuisson des aliments ; chaque marmite est numérotée ou porte le nom de l'ouvrier. En arrivant, il dépose sa marmite que la mère de famille a pourvue des aliments crus destinés à la consommation de la journée, et le gamin chargé du four en surveille la cuisson. Ces marmites peuvent être à compartiments, et organisées de telle sorte qu'on y cuit deux ou trois espèces d'aliments ensemble. Ainsi, par exemple, l'ouvrier assez habituellement déjeûne de huit à neuf heures ; il pourra, pour ce premier repas, se faire chauffer du lait ou du café ; puis, aussitôt le repas terminé, il placera le compartiment qui contient les aliments qui doivent composer son dîner, et il les trouvera tout cuits de midi à une heure, sans que jamais les frais de combustible et de main-d'œuvre au gardien du four ne constituent pour lui une dépense de plus de un centime à un centime et demi par jour.

Si, à cet avantage, le patron voulait joindre celui, plus grand encore, de faire le pain de ses ouvriers, c'est chose facile à faire : l'heure du dîner écoulée, le four a conservé toute sa chaleur ; et l'après-midi peut être employé à y cuire le pain nécessaire à la population de l'**usine,** de la **colonie** ou de la **cité.**

Cette amélioration à apporter au profit d'hommes si dignes d'intérêt, m'a paru suffisante pour qu'il en fut fait application.

Un four fixe de 1 mètre 25 centimètres de diamètre intérieurement avec une enveloppe en maçonnerie qui comprend 1 mètre cube environ, et du prix modique de 500 fr., permet à deux cents ouvriers de faire cuire le pain et tous leurs aliments.

Comme combustible, on pourrait se servir des débris de

toute nature, qui se perdent assez généralement dans les usines.

Ce qui existe pour la classe ouvrière existera également au profit d'hommes dévoués, non moins dignes de l'intérêt qu'on leur porte : ce sont les **marins de l'État et ceux de la marine marchande.**

De tous les aliments désignés comme anti-scorbutiques, le plus puissant est le pain frais de bonne qualité ; mais s'il est un regret à émettre, c'est que l'on ne s'occupe pas assez des moyens devant en rendre l'usage facile à la marine.

Jusqu'aujourd'hui, les marins de toutes les catégories en sont le plus souvent privés ; ceux de la marine marchande n'en mange que très rarement. Cela tient aux embarras des fours à pains, à l'espace qu'ils occupent, aux difficultés et aux ennuis qu'ils présentent chaque fois que l'état de la mer met obstacle à ce qu'il en soit fait usage, et surtout à la nécessité d'avoir à bord un maître boulanger. Préoccupé de cet état de choses, j'ai cherché à adoucir ces privations, et, m'appliquant surtout à économiser le terrain, j'ai organisé des fours à étages superposés qui, par leur conformation et leur distribution, permettent de cuire, malgré le roulis et le tangage, sans que jamais les pains puisse rouler les uns sur les autres, ou aient à souffrir de ces oscillations.

Par une combinaison particulière, j'ai organisé mes fours de telle sorte que tous les autres aliments bouillis ou rôtis peuvent y être cuits, condition qui dispense d'installer à bord une cuisine. Ces appareils se chauffent indistinctement au bois ou au charbon de terre. C'est le même foyer qui sert pour cuire le pain et les aliments divers, et il n'est jamais nécessaire de prendre de dispositions préalables, le four est toujours prêt à recevoir le pain, et, au besoin, on y cuit simultanément le pain et toute espèce d'aliments.

Pour donner une idée du peu d'espace que nécessitent ces appareils, il suffira de dire qu'un four de 0,60 de diamètre extérieurement et 0,80 de hauteur, permet de cuire 18 à 20 kilog. de pain par fournée de 50 minutes, de telle sorte qu'un navire portant 25 hommes d'équipage pourrait, à raison de deux fournées par jour, distribuer 750 grammes de pain frais, ration ordinaire de l'armée de terre. Un four de 0,90 de diamètre, rendant par jour trois fournées de 45 à 50 1/2 kilog., suffit au service d'un navire portant 300 hommes d'équipage, si l'on s'en tient à la ration de mer qui comporte 250 grammmes quotidiennement.

Enfin, un four de 1 mètre 65 de diamètre sur 1 mètre 50 de hauteur, permet, au moyen de six fournées par jour, de procurer 2,500 rations de 250 grammes, et tous offrent cet avantage d'utiliser le calorique qui suit ou précède la cuisson du pain.

Ces conditions devaient naturellement éveiller l'attention de la marine impériale. **S. Exc. le Ministre de la marine,** après avoir fait fonctionner ces appareils dans le port de **Cherbourg,** et en avoir apprécié la valeur, a ordonné leur installation à bord de navires de l'État.

Ces fours offrent cet immense avantage de pouvoir être munis très économiquement d'appareils distillatoires, d'une chaudière à eau chaude et d'une marmite pour la soupe.

Comme complément nécessaire à la panification, j'ai établi un pétrin dont l'usage est tellement commode et facile, que le mousse le plus inepte suffira à son service.

Ces appareils, dorénavant, sans aucun danger d'incendie, faciliteront à tout navire, tel petit que soit son tonnage, de cuire son pain à bord, satisfaction qui est refusée au plus grand nombre d'entr'eux.

Les collèges, les hôpitaux, les couvents, trouveraient une

immense économie dans l'emploi de ces fours, dont l'organisation du grand modèle permet d'installer quatre chaudières à eau ou à soupe, pouvant contenir environ trois
cents litres. De sorte que pendant que l'on procède à la
cuisson du pain, on peut avec le même foyer chauffer les
aliments et l'eau, et cela dans de très grandes proportions
et à un prix d'installation très modique.

Arrêtés par la dépense que cela exige, beaucoup de
bureaux de bienfaisance ne distribuent pas de
soupe à leurs indigents; mes fours le leur faciliteront d'une
manière très économique, et donneront, de plus, le moyen
de cuire le pain très économiquement et de n'en donner que
du très bon à leurs administrés.

Les **asiles,** les **hôtels,** etc., en suivant les instructions qu'on va lire plus loin, tireront de ces fours des avantages incontestables. Les grandes **exploitations agricoles,** les **fermes,** etc., pourront, avec les appareils
fixes, cuire de un à cinq hectolitres de racines, en destination des bestiaux, sans perdre aucune des autres ressources
de cuisson de pain ou d'aliments.

Les **établissements de bains** utiliseront les fours
très avantageusement en faisant chauffer une grande quantité de boîtes à linge avec une dépense de combustible insignifiante.

Assez généralement les **pâtissiers** recherchent les emplacements les mieux situés, et comme les locaux sont pratout d'un prix élevé, il en résulte que, forcés de prendre
une petite maison, ils sacrifient tout le logement au magasin et au four; il est vraiment pénible de dire que ceux qui
entreprennent de satisfaire aux exigences de l'ornementation
de la table, sont le plus souvent privés de l'espace nécessaire
à la vie de famille commode et agréable. Mes fours seront

pour eux d'un puissant secours ; ils leur économiseront beaucoup de terrain, permettent d'établir des chambres chaudes pour les réserves, et offrent surtout pour eux cet immense avantage d'être chauds en 15 minutes.

Il est convenable d'observer que, contrairement à ce qui existe pour les autres fours, celui-ci est toujours prêt à recevoir une fournée ; ainsi, aussitôt que le pain est défourné, il est inutile d'attendre que le four soit réchauffé, on peut recommencer l'opération immédiatement, le four ne recevant sa chaleur qu'extérieurement.

Il suffit de ranimer le feu, pendant que l'on procède au défournement et au nouvel enfournement, pour que la chaleur nécessaire s'obtienne.

Les foyers sont établis, au gré des acquéreurs, pour le charbon ou pour le bois ; mais on conseille de préférence l'emploi du bois, dont le foyer permet d'utiliser toute espèce de déchets, des tiges de colza, de choux, des feuilles, des racines, des débris d'écorces, en un mot tout ce qui flambe ou se consume, immense avantage pour les propriétaires de biens ruraux et les habitants des campagnes.

INSTRUCTIONS

relatives aux appareils de M. EECKMAN-LECROART,

de LILLE (Nord).

Ma boulangerie se compose d'un pétrin et d'un four. Voici dans quelles conditions ils sont établis et quels sont leurs rendements :

Pétrins.

Ils s'établissent sur cinq dimensions :

N° 1 rendant	20 à 25 1/2 kilo. de pain p⌐r pétrissée.

    N° 1 rendant 20 à   25 1/2 kilo. de pain p⌐r pétrissée.
       2   »   30 à 35   »   »   »
       3   »   45 à 50   »   »   »
       4   »   160 à 175   »   »   »
       5   »   300 à 350   »   »   »

Définition du pétrin.

Les trois premiers numéros sont les pétrins destinés aux ménages ; les deux autres sont pour les établissement privés et la boulangerie industrielle.

Tous sont établis sur la même base et le même modèle. Le pétrissage s'y fait sans fatigue, l'enlèvement de la pâte est commode et le nettoyage intérieur est des plus faciles.

Le corps du pétrin est en fer battu, et pour empêcher que

le contact froid du métal nuise à la pâte, le pétrin plonge
dans un réservoir à eau chaude, qui s'y verse par le petit
entonnoir qui est à gauche, et au-dessous du pétrin se
trouve un bouchon de cuivre par lequel on fait évacuer l'eau
après la pétrissée achevée ; ce bouchon est à vis et muni
d'un anneau qui doit toujours être renversé en dedans, afin
d'éviter que le pétrin soit plus élevé à un endroit qu'à un
autre. La partie supérieure du pétrin est formée d'un large
cerceau qui s'enlève à volonté et n'a d'autre but que
d'augmenter la contenance du pétrin. De chaque côté de la
caisse se trouvent deux branches de fer qui glissent dans une
coulisse, où on les fixe au moyen d'une vis.

Chaque fois que l'on va pétrir, il faut toujours serrer à
fond les deux vis, en ayant soin de presser sur le pétrisseur afin qu'il soit bien à fond. Quand, au contraire, on
doit enlever le pétrisseur hors le pétrin, il faut les devisser,
et, au moyen des glands qui sont à chaque extrémité de
l'arbre, on enlève le pétrisseur.

Les pétrins de ménage se posent sur une table où l'on
peut les fixer au moyen de deux petites coulisses, mais cela
n'est guère essentiel que pour le numéro 3 ; les deux autres
n'exigent pas assez de force pour que cette précaution soit
de rigueur. Cependant, on trouvera toujours un très grand
soulagement à avoir le pétrin fixe. Les deux grands numéros
sont montés sur piétement. Chaque pétrin est accompagné
d'un gratte-pétrin, d'un coupe-pâte, d'un couteau à gratter,
d'une forme modèle, d'une éponge, d'une coupe au levain,
d'une cuiller à la levure et d'une rasette en bois.

Pour faciliter le nettoyage du réservoir à eau chaude dans
lequel tombent les quelques parcelles de pâte qui s'échappent
par les arbres, on a fixé, au moyen de deux broches atta-

chées à une chaînette, la portion qui fixe le pétrin, lequel, par cette précaution, s'enlève très facilement.

Il ne faut jamais graisser les dents des engrenages, mais se borner à huiler les arbres sur lesquels ils tournent, de même qu'on doit faire retomber le pétrisseur avec soin, afin de ne pas s'exposer en agissant lourdement à briser les dents des engrenages.

Lorsqu'on l'on reçoit un pétrin, il est en partie démonté, mais chaque pièce indique suffisamment par sa forme l'emplacement qu'elle occupe.

Fours.

Contrairement à ce qui a toujours existé, mes fours sont, au gré des acquéreurs, fixes ou portatifs, et, dans ce dernier cas, ils n'exigent aucune maçonnerie; ce sont des meubles coquets, d'un entretien facile, et que l'ouvrier le moins habile installera partout sans qu'aucune difficulté ne vienne se mettre à la traverse de son travail. Les fours portatifs, dont l'enveloppe extérieure est en forte tôle, sont garnis d'un carrelage de terre réfractaire, de façon que tout le calorique que donne le foyer est concentré à l'intérieur.

Ces fours s'établissent sur six diamètres. Ils sont plus spécialement destinés aux familles et à la marine.

N° 1, 0,48 de diamètre extérieur, rend 12, 1/2 kilog. par fournée.
    2, 0,58   »   18 »   »
    2, 0,75   »   24 »   »
    4, 0,90   »   48 »   »
    5, 1,15   »   100 »   »
    6, 1,65   »   200 »   »

Définition du four portatif.

Ce four est un meuble en tôle forte, dont toutes les parois intérieures sont garnies de carreaux réfractaires. Ces carreaux ont pour but de conserver la chaleur à l'intérieur et d'absorber l'humidité qui s'échappe du pain.

Les fours de ménage sont généralement à deux étages; les grands modèles ont deux ou trois étages. La sole inférieure du four est garnie d'une plaque de terre réfractaire; les autres soles reçoivent des carreaux de même matière. Généralement, on cuit le pain dans des formes en tôle; ces formes ont l'avantage de produire des pains toujours propres et d'un charmant aspect; de plus, d'économiser le terrain, en maintenant la pâte et l'empêchant de s'étendre.

Le petit trou rond qui figure à la façade est l'endroit où l'on place le thermomètre.

Pour faciliter le lever de la pâte, on installe au-dessus du four, ou sur le côté, une petite armoire porte-forme, espèce de chambre chaude où l'on place les formes à pain.

Ces fours sont très promptement chauds : 15 à 20 minutes suffisent pour la première fournée. On les chauffe à son gré au bois ou au charbon. Il suffit de changer le foyer, opération qui se fait aussi aisément que celle d'ouvrir un tiroir.

Lorsqu'un four arrive à destination, il faut toujours procéder au déballage avec soin. On déclouera la caisse de façon que l'appareil soit debout, et demeure isolé sur le fond de la caisse; la marque est toujours sur le dessus.

Lorsque le four sera entièrement dégagé, il faudra avec précaution extraire tout ce qui est contenu à l'intérieur; on fera cela avec ménagement, afin de ne pas s'exposer à briser les carreaux qui forment la double enveloppe. Le four tout-à-fait libre, au moyen d'un tourne-vis, on retirera les quatre vis qui retiennent le couvercle, et on installera au dessus du faux fond, les carreaux, qui reçoivent pour tout ciment un peu d'argile délayée. Cela fait, on glissera dans les deux coulisses qui existent derrière le four la petite plate-buisse carrée qui porte le brochon dans lequel on emboîte le tuyau de fumée. A partir de ce moment, il ne reste plus qu'à placer le four à l'endroit qui lui est destiné. Si un bout de tuyau est nécessaire pour allonger celui existant, le serrurier ou le fumiste de la maison prendra le diamètre du tuyau qui accompagne le four, et il ajustera le prolongement nécessaire pour rejoindre la cheminée qui est destinée à desservir le four. Une bonne cheminée est toujours favorable à son usage ; sont réputées bonnes, celles dont le sommet dépasse la hauteur des bâtiments qui l'environne ; en un mot, celles qui sont isolées et reçoivent l'influence de tous les vents.

Il est toujours mieux que le conduit de tôle qui reliera le four avec la cheminée soit aussi perpendiculaire que possible et ne comporte que peu de coude. Le conduit installé et les joints tant intérieurs qu'extérieurs soigneusement calfeutrés avec de l'argile, on peut allumer. S'il arrivait qu'au premier feu le four fume, et qu'au lieu de prendre un libre cours la fumée soit rebelle et se rabatte, il ne faudra pas s'en préoccuper, car aussitôt que l'humidité intérieure, soit du four, soit des tuyaux, soit encore de la cheminée, aura été absorbée, c'est-à-dire au bout de quelques minutes, le tout se sera réchauffé et la fumée disparaîtra sans laisser à l'intérieur du four aucune trace nuisible et désagréable. Bien avoir soin, quand on allume le feu, de s'assurer si la clé du conduit de fumée est ouverte.

On surveillera le séchage de la terre d'argile; s'il se fait quelques petites fentes, on les remplira; enfin, on fera le nécessaire pour que le tout soit bien clos.

Le séchage achevé, on replacera le couvercle du four au moyen de quatre vis, et l'installation en sera complète.

Il restera à organiser la petite armoire porte-forme, qui, une fois clouée, se pose sur le four contre le tuyau de derrière. Chacune de ses pièces est suffisamment désignée pour en indiquer le montage.

Dans les fours de famille, le dessus est percé d'un trou qui est recouvert d'un couvercle mobile, c'est sur ce trou que se pose la bouilloire à eau chaude et que se préparent les sauces et les fritures.

Fours fixes.

Les établissements particuliers, tels que couvents, colléges, usines, hôpitaux, fermes, bureaux de bienfaisance, etc., etc., en un mot, tous les établissements qui cherchent à économiser le plus possible, m'ont témoigné le désir de leur organiser des appareils permettant de profiter de la chaleur intérieure du four, et d'obtenir du même foyer, et simultanément, du pain, une très grande quantité d'eau chaude et des aliments divers : c'est dans ce but que j'ai établi les fours fixes.

Ils se construisent sur six diamètres :

N° 1. 0,75	de diamètre intérieur rendant	25 1/2	kilog. de pain.			
2. 0,95	»	»	50	»	»	
3. 1,30	»	»	125	»	»	
4. 1,75	»	»	200	»	»	
5. 2,00	»	»	250	»	»	
6. 2,25	»	»	325	»	»	

A ces diamètres intérieurs, il y a à ajouter les épaisseurs des parois en briques.

Ces fours sont d'une construction rendue très facile à tous par les plans qui accompagnent chaque expédition. A l'exception des chaudières, dont la valeur est supplémentaire, les fours fixes reviennent à beaucoup plus bas prix que les fours portatifs en tôle, et présentent peut-être cet avantage d'exiger moins de soins.

Les fours sont munis de formes à pains, pelles à enfourner, gants, blaireaux, thermomètre, couchettes, armoire porte-forme, menottes, etc.

Entretien des fours.

Autant que possible, on installera les fours dans un endroit sec, afin que tout ce qui est fer n'ait pas à souffrir de l'humidité. Pour bien entretenir le fer, le garantir de la rouille et le conserver longtemps en bon état et d'un aspect agréable, il suffit, une fois par semaine, de le frotter avec une brosse un peu rude, trempée légèrement dans de la mine de plomb imbibée d'eau. Il est des personnes qui ont entouré l'enveloppe de tôle des fours portatifs d'une légère couche de maçonnerie reliée au moyen de cercles en fer. Cela a pour résultat de moins chauffer l'appartement.

Lorsque l'on aura quelques tâches à faire disparaître, on fera bien de couper un oignon en deux et de l'user sur les endroits tâchés; il est rare que par ce moyen très simple tout ne disparaisse pas.

Tous les combustibles rendent toujours une certaine quantité de suie que, pour le bon tirage et l'économie, il est essentiel de ne pas laisser séjourner dans les tuyaux. Pour en faciliter le nettoyage, on a ménagé dans le bas, à l'intérieur des fours, et extérieurement tout autour, des trappes qui permettent, au moyen de rasettes, l'enlèvement commode et facile de toute la suie qui pourra s'amonceler dans les tuyaux perpendiculaires et horizontaux. Une bonne précaution est de placer les fours de manière à ce que le jour y donne à l'intérieur ; cette disposition, quand elle est possible, rend le service beaucoup plus facile.

J'ai dit qu'à son gré on brûle du charbon de terre ou tout autre combustible, que cela n'était qu'une question de foyer. En effet, pour le charbon de terre et le coke, le foyer est en fonte épaisse, celui au bois est en très forte tôle et fine fonte. Dans beaucoup de contrées, le charbon et le coke sont à beaucoup plus bas prix que le bois, aussi m'a-t-il paru nécessaire d'en faciliter l'emploi ; mais pour mes appareils, le charbon et le coke ne sont pas les plus agréables combustibles, ils donnent une flamme beaucoup plus courte que celle du bois, ils chauffent plus brutalement, détériorent plus vite les foyers, en un mot, s'ils offrent certains avantages, ils ont aussi leurs inconvénients. Le bois est le combustible par excellence : sa flamme allongée parcourt la presque totalité des tuyaux, et son calorique est très doux. Aussi est-ce pour ces raisons que toujours il est le combustible préféré des boulangers, et même de tous les consommateurs en général. En ce qui concerne mes appareils. l'emploi du foyer au bois offre d'immenses avantages ; il permet d'utiliser toute espèce de déchets. A la campagne, on y brûlera les racines, les tiges sèches de beaucoup de végétaux, les petits bois provenant de la taille des arbres, etc.; à la ville, les vieux bois de démolition, les débris de caisses, les sarments de vignes, et enfin les éclats de racines qui s'y vendent à bas prix. Il est difficile de se rendre compte de la faible quantité de combustible que chaque

fournée de pains exige, tellement la disposition donnée aux
tuyaux se prête avantageusement à l'heureux emploi du calorique. Je conseille donc de préférence à tous les autres
combustibles l'emploi du bois, tout en garantissant un complet résultat avec le charbon de terre.

En toute chose, l'économie bien entendue a sa raison
d'être, et en matière d'économie domestique tout particulièrement. Que les personnes qui emploieront mes appareils se
pénètrent bien qu'il est superflu d'entasser des masses de
combustible dans le foyer. Voilà le meilleur mode de les
diriger : aussitôt que le feu aura atteint un degré suffisant,
on se contentera de jeter à de courts intervalles quelques
morceaux de bois, mais seulement de manière à maintenir
le feu en activité. Si c'est du charbon de terre qu'on emploie,
on fera bien d'avoir deux petits réservoirs, l'un contiendra
le charbon menu qui sera imbibé d'eau, et l'autre le charbon gailleteux. De cette manière, si le feu a besoin seulement
d'être entretenu, on y jettera du charbon mouillé, si au
contraire on désire l'activer, ce sera le charbon gailleteux.
Ces conseils sont le résultat de longues expériences, et les
personnes qui les suivront en tireront d'immenses avantages. Les foyers se conserveront beaucoup plus longtemps,
et l'économie qu'ils procureront aura bientôt fait oublier les
légers assujétissements qu'ils entraînent. Lorsque c'est du
bois que l'on consomme, il est convenable de ne pas négliger de recueillir la braise ; pour cela, il suffit, la cuisson
une fois terminée, de ramasser à la pelle tout ce qui reste
dans le foyer et de le jeter dans une éteinte, qui le plus
souvent est un simple réservoir en tôle hermétiquement
fermé. Il est de même très utile de retirer la cendre chaque
jour, qui sans cela absorbe une portion du calorique. Quel
que soit le combustible employé, surtout n'en jamais rem-

plir les foyers ; il suffit d'alimenter à petites doses pour
obtenir un feu suffisant.

Panification.

Je vais indiquer les moyens les plus simples à employer
pour faire le pain chez soi, et comme ces explications sont
écrites à l'intention des personnes qui n'en ont aucune idée,
je les donnerai aussi détaillées que possible, afin que ces
personnes ne soient jamais entravées dans leurs opérations. Mon but sera atteint si ces détails sont assez clairs
pour être compris par ceux qui feront usage de mes appareils.

De même qu'un industriel pare sa marchandise pour la
rendre plus attrayante aux chalands, les fariniers travaillent
et préparent leurs farines de manière à leur donner plus
d'éclat, plus de finesse, à leur faire rendre un pain plus
blanc, en un mot, ils cherchent à tirer de leurs produits le
plus heureux parti possible, ce qui est très naturel. En général, on accuse comme pain supérieur celui qui est le plus
blanc, le plus spongieux, le plus léger, et il semble que
celui-là seul soit bon. En ce qui me concerne, je prétends
que le meilleur pain entre tous est celui de pur froment
bluté à 15 ou 18 pour 100, et cependant il n'est pas blanc,
sa teinte est couleur jaune beurre frais, il a le goût d'amande
et l'odeur du lait ; puis, contrairement au pain de la boulangerie industrielle, qui est sec au bout de quarante-huit
heures, il demeure à l'état frais six et huit jours. Or,
partant de ce principe que le meilleur goût est celui que
l'on a, je prône le pain de pur froment, et le plaçant en
première ligne, je vais indiquer le moyen d'en faire d'ex-

cellent, et j'ai la certitude qu'il satisfera le goût du plus grand nombre.

J'achète mon blé au marché, toujours le plus beau; je le fais conduire au moulin, où on surveille la mouture. La farine, rentrée chez moi, est vidée dans le coffre qui lui est destiné, et chaque fois qu'on doit cuire, on retire la veille la quantité qu'on se propose de panifier; on la blute à une moyenne de 15 à 18 pour 100, et nous mangeons de l'excellentissime pain, que nous estimons valoir autant que le pain taxé de première qualité et qui nous procure 9 cent. d'économie au kilog.

Pour l'opération du blutage, on se sert d'une maie ou petite caisse, à l'intérieur de laquelle, sur deux petites barres de bois formant l'échelle, on promène à une petite vitesse le tamis, qui contient la farine que l'on se propose de bluter, la fleur s'amoncelle au fond de la maie, et au fur et à mesure qu'elle est tamisée, on vide le son dans un sac. Une bonne manière, c'est de ne faire que des petites tamisées; on ne se fatigue pas, et on est plus certain de ne rien voir s'échapper de la farine contenue dans le tamis. Les maies, qui accompagnent nos boulangeries de famille complètes, sont fermées au moyen d'un couvercle à deux battants, de telle sorte que la personne chargée de bluter n'est pas saupoudrée de fleur et aucune perdition de farine n'a lieu.

Le blutage terminé, on procède à la préparation des levains. Ici il faut que je donne les différents modes en usage pour la fabrication du pain. En France, il existe plusieurs modes de faire le pain; je vais faire connaître ceux qui sont le plus généralement répandus.

1° Le pain composé d'un levain et fortifié de levure de bière;

2º Le pain sans levain, et recevant pour tout ferment de la levure de bière ;

3º Enfin, le pain de levain sans levure de bière.

Le premier est généralement en usage; le second, qui a l'agrément d'être de suite préparé, convient particulièrement aux pays où il existe beaucoup de brasseries; le troisième est plus ordinairement en usage dans les contrées où l'on se procure difficilement de la levure de bière.

En matière de boulangerie industrielle, les levains sont le point principal qui constitue une heureuse et avantageuse fabrication, et le levain de chef est la base du bon levain. Mais, en matière de ménage, on n'a pas le même intérêt à faire du pain d'un rendement avantageux et très lucratif, on ne tient qu'à le faire bon, et si on l'obtient meilleur que celui qui est vendu par le boulanger, le but est atteint. C'est vers ce résultat qu'ont tendu mes efforts, et c'est alors que j'y suis parvenu que j'ai pris le parti de transmettre à tous les moyens de jouir des mêmes avantages.

Avant d'aller plus loin, un mot du pétrissage. Sans aucun doute, il est possible à tous de se contenter du pétrissage à la main, surtout quand il s'agit de petites quantités de pâte à pétrir, et certes, on obtient par ce mode, tout arriéré qu'il est, de très bon pain, seulement il est positif qu'il ne comporte pas certains avantages du pétrissage mécanique, entre autre celui de se nourrir d'un pain qui n'est pas assaisonné de transpiration humaine. Néanmoins, j'accepte que dans certaines familles on se contente du pétrissage à la main, lequel, quand il est exécuté sous la surveillance de la dame de la maison, peut très bien satisfaire au service du four de famille. Nous avons telle maison qui, ne voulant pas augmenter la dépense, ne prend que le four, ce qui est une affaire d'appréciation personnelle.

Il est écrit que le pétrissage mécanique qui jusqu'aujour-d'hui n'a pas encore atteint toutes les améliorations dont il est susceptible, sera dans un temps donné substitué au pétrissage à la main, car avec lui adoucissement très sensible du labeur des boulangers, panification plus uniforme, en un mot, progrès. En ce qui me concerne, je le déclare en toute conscience, le pain que j'obtiens avec mon pétrissage mécanique est envié de tous ceux qui le goûtent, et positivement il ne laisse rien à désirer. Revenons à la panification. Je commence par le premier mode à faire le pain.

En général, on emploie comme base du levain un morceau de chef ou un morceau de pâte de la précédente fournée. L'usage m'a prouvé que c'était un mode vicieux et qui ne doit être employé que dans les contrées où l'on ne peut se procurer de la levure; hors de là, voici la meilleure manière de faire le pain en ménage :

L'inconvénient que je reproche au levain qui est fait avec un morceau de pâte conservé de la dernière fournée consiste en un goût âpre qu'il communique au pain. Pour l'éviter, voici comment on doit procéder s'il s'agit d'un four du calibre N° 2.

Après s'être procuré de la levure fraîche, il faut dix ou douze heures avant le moment où l'on se propose de panifier, placer dans le pétrin trois litres de farine et un litre d'eau plus que tiède. On tournera la manivelle et alors que le mélange commencera à se faire, on ajoutera deux cuillerées de levure fraîche, puis on tournera de nouveau jusqu'à ce que le tout forme un pâton. Comme il s'agit d'une faible quantité, durant le pétrissage on aura le soin d'aider au moyen du gratte-pétrin au parfait rassemblement de la farine contenue. Alors que le délayage et la malaxation seront complets, il faut retirer le pétrisseur hors le pétrin et retirer le bloc de pâte, qu'on déposera dans la coupe au levain, laquelle aura été au préalable saupoudrée de farine. La coupe sera recouverte d'un linge et placée dans un endroit aussi chaud que possible, ne jamais surtout le placer à la cave ou dans un emplacement humide. A partir de ce moment, on n'a plus besoin de s'en occuper. Cette confection du levain est la première partie de la panification.

Le pétrissage de la pâte étant l'opération principale de laquelle dépend l'heureuse réussite du pain, il est particulièrement essentiel que tous les soins y soient apportés ; le pain, notre principal aliment, a des droits à être le mieux préparé.

Avant de procéder à sa confection, il faut d'abord que la personne chargée de panifier rassemble et réunisse tout ce qui est nécessaire à sa composition, de telle sorte qu'on n'ait pas à se déranger dans le cours de l'opération; de cette manière, rien n'est jamais compromis.

Une très bonne méthode, c'est de toujours mesurer les quantités à employer et de ne jamais opérer par des **à peu près**. Un litre de farine pèse en moyenne 500 grammes, et il faut un litre d'eau pour trois litres de farine. Toutefois, il y a lieu de mettre en note que cette base est celle à adopter pour de la farine de première qualité. Mais si l'on doit employer de la farine qui a conservé un peu de son, on forcera un peu la quantité d'eau.

Or, prenant pour base un four de ménage qui contient huit pains, soit environ vingt-quatre demi-kilog., on aura d'abord le levain préparé la veille, qui contient trois litres de farine et un litre d'eau, puis on se munira de douze litres de farine, dont on conservera en réserve environ un demi-litre, et l'eau à ajouter sera de quatre litres.

Ayant donc pris le soin d'allumer le feu, de huiler les

formes à pain qu'on laissera dans l'armoire porte-forme, de se munir d'eau chaude, d'eau froide, de sel, de levure, on procédera comme suit :

On verse dans le réservoir un ou deux litres d'eau chaude ; on jette dans le pétrin les onze litres et demi de farine, le levain est placé au milieu, et on a le soin de former un creux au centre pour y verser deux litres d'eau froide, dans lesquels on a, au préalable, jeté une poignée de sel blanc. Ces diverses quantités réunies emplissent le pétrin ; aussi faut-il que les quelques premiers tours de manivelle soient donnés avec soin, afin d'éviter que d'une part l'eau ne filtre pas à travers les jointures du cercle, et d'autre part que la farine ne s'échappe pas hors le pétrin ; au bout de quelques tours on ajoute les deux autres litres d'eau, et l'on peut alors tourner plus vivement, il n'y a plus aucun inconvénient. Après avoir tourné sept ou huit minutes, on ajoutera la levure de bière ; il en faut une cuillerée par chaque pain ; on continuera à tourner cinq ou six minutes, et l'opération du pétrissage sera complètement achevée. Pendant le cours du travail, à une ou deux reprises, on aura le soin, à l'aide du gratte-pétrin, de détacher les parcelles qui adhèrent aux parois supérieures du pétrin.

Si l'on se sert de formes en tôle, on aura le soin de les huiler très légèrement avant de commencer à pétrir. Le pétrissage achevé, il faut saupoudrer légèrement de farine une table propre, et après avoir enlevé le pétrisseur hors le pétrin et formé en un seul pâton la pâte contenue, on retire ce pâton qu'on dépose sur la table, où l'on procède au découpage de la pâte. Chaque morceau est placé dans la forme modèle, et on retourne cette forme modèle dans une des formes en tôle déjà huilée qu'on replace dans l'armoire porte-forme, et cela se répète au fur et à mesure qu'elles ont reçu leur portion de pâte. On recouvre alors chaque forme d'un coussin-couche et l'on ferme l'armoire porte-forme.

Le feu doit être entretenu plus ou moins activement, suivant l'état de l'atmosphère.

Généralement, une heure au moins est nécessaire au lever de la pâte. Comme le porte-forme est à étage, il arrive que les formes qui occupent le rayon du bas sont souvent plus chaudes que celles du haut; pour niveler cette inégalité pendant le lever de la pâte, on prendra le soin, une ou deux fois, de les changer de rayon, et l'on retournera les petits coussins-couche. Au bout d'une heure, le lever de la pâte est souvent complet.

Au reste, et comme indication plus positive, c'est son aspect qui dirigera toujours. Ainsi, quand elle a doublée de volume et que le dessus s'est bien fendillé, c'est une indication qu'on peut enfourner ; elle a atteint le degré voulu.

Nous n'avons plus qu'à nous occuper de l'enfournement, besogne toute simple, qui consiste à prendre les formes à la main et les ranger sur les plateaux du four, en ayant soin, au moment de les y installer, de percer la pâte en plusieurs endroits, cela à l'aide d'un pique-pain ou d'une lame de couteau. Sans cette précaution, il se forme quelquefois à l'intérieur du pain de grandes cavités, qui, sans être un défaut, sont au moins un inconvénient qu'il est mieux d'éviter.

Dix à quinze minutes avant l'enfournement, le feu doit être activé suffisamment pour que le thermomètre atteigne de 210 à 225 degrés.

Pour l'enfournement, on se sert de gants, afin de se garer contre toute brûlure. Pendant que le four chauffe et pendant que le pain est au four, il est nécessaire de tourner de temps à autre la petite manivelle, afin d'imprimer aux étagères un mouvement de rotation qui est nécessaire à la complète et uniforme répartition du calorique.

Lorsque l'enfournement est terminé, il y a lieu d'animer le feu, car cette opération a fait perdre au moins 20 à 30 degrés, qu'il faut autant que possible rattraper, sans qu'il soit essentiel de les dépasser. En famille, on ne travaille pas comme en industrie, on n'est donc pas à la minute; pour cette raison, il est superflu que le pain soit cuit en vingt-cinq ou trente minutes, et cela avec d'autant plus de raison qu'il sera plus complètement cuit. Si, à l'aide d'une chaleur raisonnable de 175 à 200 degrés, on le laisse trente-cinq à quarante-cinq minutes, il perdra davantage de son humidité, conséquemment les parties nutritives seront plus abondantes. Quand le pain sera de quinze minutes au feu, on peut sans danger s'assurer de l'état où il se trouve, et cet examen peut se renouveler de temps à autre sans rien compromettre. S'il arrivait que par suite d'un feu trop actif la croûte se brunissait trop rapidement, on laisserait une des portes du four entr'ouverte, et cela suffira.

Le pain suffisamment cuit, on retire les formes comme on les a placées, et on range les pains debout appuyés l'un sur l'autre, de manière à ce que l'air circule librement autour de chacun d'eux. Bien refroidis, on les range où l'on veut, et l'opération est terminée. Pour faciliter le défournement ou l'enlèvement des formes, on peut se servir d'une pince à formes en bec de canne, instrument très commode.

Comme indication que le pain est cuit, il est mieux de s'en rapporter au poids relativement au volume qu'à la couleur; il n'est pas essentiel que le pain ait un aspect très coloré pour être parfaitement cuit, tout cela dépend du degré de température auquel on enfourne, et mieux vaut un pain d'une couleur tendre, mais cuit à fond, qu'un pain très foncé, et dont le centre n'a pas rendu toutes ses parties aqueuses.

Il arrive quelquefois que les formes n'ayant pas été suffisamment huilées ou l'ayant été difformément, que le pain reste attaché au fond ; il faut alors, avec le couteau à détacher, dont on passe la lame par la petite fente établie à cet usage, décoller tout doucement le pain à l'endroit où il reste attaché, inconvénient qu'on évite en huilant avec soin.

Ce qui précède concerne l'emploi des formes en tôle, mais, quand au contraire on préfère cuire le pain sur la sole, on se sert de pannetons en paille ou en osier, doublés de toile, et, en ce cas, c'est le panneton qui reçoit la pâte contenue dans la forme modèle. Les pannetons se placent dans un endroit chaud, à l'abri de l'air, et l'enfournement a lieu à l'aide des pelles à enfourner.

Tel est le meilleur mode de panification et celui le plus répandu dans les villes et communes où l'on se procure facilement de la levure de bière.

Du pain sans levain.

Pour ce pain, aucune préparation préalable. Si la farine est blutée, on est toujours en mesure de panifier et d'opérer instantanément. Supposons qu'on veuille cuire cinq ou six pains, soit une petite fournée de quinze à dix-huit demi-kilog. de pâte, on préparera au fond du pétrin neuf litres de farine, puis on fera dissoudre le sel nécessaire dans trois litres d'eau, un peu plus chaude que tiède, même assez chaude pour piquer les doigts, et l'on versera le tout en tournant légèrement. Au bout de six à huit minutes, on jettera la levure de bière. Cette sorte de pain en demande un peu plus, à peu près le double que pour le mode précé-

dent, même plus en hiver, et on pétrira un peu plus longtemps, quinze à dix-sept minutes.

Le pétrissage terminé, on divisera la pâte en autant de
morceaux que l'on se propose de faire de pains, et qu'on
installera dans les formes chauffées et huilées toujours à
l'avance, et que l'on rangera dans l'armoire porte-forme,
où elles resteront d'une heure à une heure et demie, suivant la saison, après quoi l'on enfournera.

Ce mode, tout prompt et tout commode qu'il soit, a aussi
son mauvais côté : c'est qu'au bout de quatre jours, le pain
fermente, prend un goût sucré, se décompose et file comme
le sirop ; il ne faut donc employer ce mode de panification
que pour du pain qui doit être consommé dans le cours de
deux ou trois jours.

Du pain de levain ou pain sans levure.

Dans beaucoup de contrées, il n'existe pas de brasserie,
et pourtant on y mange de très bon pain. Dans ces pays,
on opère à l'opposé du mode précédent.

On conserve de chaque cuisson un morceau de pâte, et
la veille du jour où l'on se propose de cuire, on délaie ce
morceau de pâte dans trois litres de farine et un litre d'eau
fraîche ; le tout bien mélangé (1), on le couvre, et le lendemain matin on y ajoute la même quantité de fleur et d'eau, et
on renouvelle cette adjonction deux ou trois fois avant le moment du pétrissage, et cela de deux heures en deux heures.

---

(1) Dans l'un de ses ouvrages, M. le baron Thénard fait observer:
« que dans la panification, on ne saurait mettre trop de soins à bien
mêler le levain avec la pâte ; car, toutes les fois que le mélange ne
sera pas assez intime, le pain sera toujours mâl. »

Il est sage d'observer qu'entre le premier délayage de la
veille au soir et le moment du pétrissage, il ne doit pas
s'écouler au-delà de quatorze à quinze heures. Exemple : si,
à dix heures du soir, on opère le premier délayage, le deuxième sera fait le lendemain à cinq heures du matin, le troisième à sept heures, le quatrième à neuf heures ; on pétrira à dix heures, et à midi le pain sera enfourné. Pour le
pétrissage définitif seulement, on se servira d'eau chaude.
A partir de ce moment, nous continuons la marche indiquée
en premier lieu, en ayant toujours soin, lors du pétrissage,
d'ajouter le sel nécessaire. C'est cette sorte de pain que
l'on consomme dans les communes privées de brasseries et
sans moyen de se procurer de la levure de bière.

Du chef.

Les boulangers industriels ont toujours à leur disposition
une portion de pâte en fermentation permanente, qu'on
appelle **chef**. Lorsque l'on pourra se procurer une petite
portion de cette matière, ce sera toujours beaucoup mieux,
et pour la perpétuer en bon état, voici la marche à suivre.
Nous supposons une fabrication de pain, sans addition de
levure de bière. C'est le chef qui sert de base au levain à
préparer. Ainsi, on dispose un levain le soir, qui se com-
posera de trois litres de farine, un litre d'eau et le morceau
de chef. Le lendemain, avant de procéder à une addition de
farine, on retranche un morceau du levain, et c'est ce morceau qui constitue le chef de la prochaine fournée; seulement, il arrive que ce levain étant à l'état d'éponge, on
ajoute au morceau retiré un peu de farine, afin de le conso-
lider un peu et d'en faire aisément un petit pâton, mais
jamais il ne recevra d'eau. Si l'on cuit tous les jours, il

suffira de le placer à un endroit **frais,** à la cave par exemple. Mais si l'on ne cuit que tous les huit, ou six, ou quatre jours, il faudra, tous les matins, avoir la précaution de le retirer du vase, et de lui adjoindre un peu de farine fraîche, mais jamais autre chose; cela se nomme raffraîchir. Au moyen de cette petite précaution, on sera toujours certain d'avoir du bon levain. C'est dans ces conditions que doivent toujours travailler les **boulangers à bord des navires**.

Lorsque l'on se proposera de cuire plusieurs fournées, le premier levain devra être d'un volume double, afin d'en conserver une portion pour chaque pétrissée, et le travail se continuera comme il est dit d'autre part. Ce levain contiendra le morceau de pâte conservé de la dernière cuisson, et pour activer la levée de la pâte, on fera bien de mettre la moitié du levain dans la première pétrissée, et on répartira le reste en autant de portions que l'on se proposera de faire de fournées.

Beaucoup de personnes, en raison de l'importance de leur consommation de pain journalière, reculent devant l'achat d'un four, se croyant obligées à acquérir un grand modèle. C'est là une profonde erreur que je tiens à combattre. Que l'on se pénètre bien que la plus grande économie dans la panification consiste dans le complet emploi du calorique; or donc, c'est en multipliant les fournées qu'on atteint ce but. Je suppose : une famille qui consomme par jour cinq pains de 3 demi-kilog., et qui désire ne cuire qu'une fois par semaine, qu'elle prenne un four N° 2, et avec quatre fournées, elle aura son but atteint; qu'on ne s'effraie pas de ce mot quatre fournées, c'est tout ce qu'il y a de plus simple : il s'agit tout simplement d'employer cinq heures d'une après-midi pour le travail du tout, et se munir de deux ou trois rechanges de formes en tôle. Je prétends qu'en opérant de cette manière, le combustible employé ne constituerait pas une dépense au-delà de 10 cent. par fournées.

Le pain frais tous les jours.

Dans beaucoup de maisons de campagne et de châteaux, on est bien aise de se procurer du pain frais tous les jours. Chez moi, nous tenons à cette satisfaction, et pendant notre séjour à la campagne, nous y mangeons du pain frais tous les matins. Voici comment opère la cuisinière, qui fait deux petits pains de un demi-kilog. chaque jour. Tous les soirs, avant de se retirer, la cuisinière mélange dans la coupe au levain un peu d'eau et le petit morceau de pâte conservé à la cave depuis le matin ; elle y ajoute un peu de farine, en quantité nécessaire à rendre une pâte un peu molle, elle forme du tout un pâton qu'elle recouvre d'un coussin-couche et elle place le tout dans l'endroit le plus chaud de la cuisine ; le matin, vers cinq heures, elle ajoute un peu de farine, et cette fois un peu d'eau chaude, non pas bouillante, mais enfin chaude à quarante degrés, c'est-à-dire que les doigts y sont sensibles ; elle mélange encore le tout comme il faut, le bat, le tourne et le retourne cinq ou dix minutes, et le recouvre. A six heures, c'est-à-dire trois quarts d'heure après environ, elle ajoute le sel et la farine nécessaires à compléter les deux pains, y met un peu d'eau chaude, et retourne le tout encore cinq ou dix minutes ; à partir de ce moment, la besogne est terminée. Alors, elle retire le petit morceau de pâte nécessaire à la cuisson du lendemain, et séparant sa pâte en deux, elle place chaque morceau, non pas dans une forme de fer, mais dans une forme en toile saupoudrée de farine ; elle les place près de sa cuisinière en les couvrant. En ce moment, il est six heures un quart environ. A six heures trois quarts, elle allume le feu du four à pain, et à sept heures un quart, avec une pelle à manche courte, elle enfourne ; de sept heures trois quarts à huit heures un quart, tout est terminé. Nous déjeûnons à huit heures un quart ou huit heures et demie ; nous avons un pain léger, qui trempe très bien dans le café, et pour les deux autres repas le pain est suffisamment refroidi pour être mangé avec les autres aliments par les personnes qui le préfèrent au pain pur blé.

A mon point de vue, ce pain est très agréable pour tremper dans le lait, le café, le chocolat, le bouillon ; mais il est trop léger pour les autres repas ; je lui préfère notre pain de pur froment, que l'on cuit tous les quatre ou cinq jours, et qui est la consommation générale de la maison.

Nos dames cependant préfèrent ce pain blanc à tous les autres, et beaucoup d'entr'elles se donnent la distraction de le préparer elles-mêmes, cette besogne étant réellement moins exigeante que la préparation des conserves de fruits, dont assez généralement elles s'occupent pendant leur séjour à la campagne. Souvent, elles y ajoutent un peu de beurre ou se servent de lait pour le pétrissage.

Des pains de compositions diverses.

Il se fait en temps de pénurie du pain de différentes natures, entr'autres du pain de maïs, de seigle, de pommes de terre, de fèves, de haricots, etc. Je vais donner quelques détails concernant ces diverses sortes de pains.

La farine de maïs mélangée par moitié avec la farine de froment, produit du très bon pain, seulement il est nécessaire de mettre davantage d'eau ; au moins un sixième en plus. Le pain de maïs séchant plus vite que celui de pur blé, il y a lieu de le placer dans un endroit plutôt humide que sec, et d'en faire des pains d'un poids plus fort.

Le seigle, sans aucun mélange de blé, donne un pain pâteux, lourd et indigeste ; mêlée à la farine de blé, la farine de seigle donne du bon pain. Il est généralement d'une couleur assez brune, mais il a bon goût, et produit une nourriture saine et salutaire.

On mélange quelquefois de la fécule de pommes de terre avec la farine de blé, le travail est le même. De plus, on peut ajouter à une pâte de farine de froment, des pommes de terre, et cela jusqu'à concurrence d'un sixième et même d'un cinquième. Voici la meilleure manière et la plus simple d'opérer : on pèle des pommes de terre, que l'on jette dans une marmite munie d'un couvercle et contenant suffisamment d'eau froide pour que les pommes de terre soient entièrement recouvertes, on ferme avec soin la marmite qui est mise au four. Au bout de deux heures, les pommes de terre sont suffisamment cuites. On jette l'eau et on laisse sécher les pommes de terre, qu'au moyen d'un passoir en ferblanc, percé de trous de 2 à 3 millimètres de diamètre, on écrase et on réduit en petites parcelles.

On se met alors à pétrir sa pâte de froment, inutile d'ajouter d'eau pour la quantité de pommes de terre que l'on introduit, seulement on charge un peu sur le sel et on laisse lever un peu plus longtemps. Il est sage aussi de pétrir davantage que pour le pain ordinaire.

Le pain provenant de ce mélange est de bon goût, mais il ne conserve pas longtemps frais, de plus, il trempe très difficilement ; néanmoins, en temps de cherté, ce pain peut rendre de très grands services et il n'est pas nuisible à la santé.

Avec des fèves cuites dans de semblables conditions, on peut aussi faire du pain, seulement on retire la pelure des fèves après cuisson. Arrivé à un certain degré, on détache très facilement cette pelure, qu'il serait nuisible d'utiliser, étant très indigeste.

Même application pour les haricots que l'on passe au pàssoir, ainsi que les fèves, comme je l'ai expliqué pour les pommes de terre, mais toujours en observant bien que la partie farineuse est la seule employée, et que les enveloppes ou pelures sont retirées.

Ces divers modes de faire le pain sont sujets à des rendements très différentiels; les personnes qui en essayeront ne doivent pas s'attendre à réussir au premier essai. Il y a une moyenne à atteindre qui ne s'obtient souvent qu'au bout de deux ou trois épreuves.

Des pains de fantaisie.

A la campagne, souvent éloigné des centres de population, on est privé de petits pains au lait; pour bien des personnes, c'est une grande privation. On y obvie facilement au moyen de mes appareils. Voici la manière de faire diverses sortes de ces petits pains.

J'ai donné, page 32, le moyen qu'on emploie chez moi pour avoir du pain frais tous les jours ; mais ce n'est là que du très bon pain ordinaire, qui n'est assaisonné d'aucune matière de luxe, tel que gruau, beurre, lait, œufs, etc.; en employant l'une ou plusieurs de ces matières, on peut faire des petits pains de beaucoup d'espèces et de toute forme. Je vais en indiquer de plusieurs natures, qui sont celles les plus généralement employées :

Pain de fine fleur, délayé avec du beurre et du lait ;

Pain de fine fleur, délayé avec du beurre, du lait et des œufs;

Pain de gruau.

Pour cette première sorte, en supposant toujours que nous travaillons à la campagne, privé de levure de bière, nous avons sous la main un morceau de levain conservé de la veille.

A six heures du matin, on délayera ce levain, au moyen d'un liquide, composé d'un tiers d'eau chaude et de deux tiers de lait déjà bouilli et conservé à une température assez élevée; on jettera dans ce liquide une petite portion de beurre, qui sera suffisamment battue, afin qu'il ne reste plus en grumeaux et qu'il soit parfaitement fondu. On formera la farine que l'on se propose de pétrir en un cirque au fond du pétrin, et c'est dans le centre de ce cirque que le délayage du levain s'opérera. Il est nécessaire de bien mettre en note, que, pour cette sorte de pâte, il vaut mieux qu'elle soit plutôt molle que ferme. On battra le tout à la main, s'il s'agit d'une petite quantité, ou l'on pétrira à la mécanique, s'il s'agit de 6 à 8 demi-kilogrammes de pâte. On met peu de sel pour cette sorte de pain. La pâte bien préparée sera installée dans un panneton en toile ou en paille, lequel sera placé dans un endroit chaud et bien recouvert, tel que l'armoire porte-forme.

Au bout de deux heures, on divisera la pâte en autant de petits pains qu'on désire cuire, et auxquels on donne telle forme que l'on veut; ces petits pains seront rangés sur une planchette garnie d'une toile bien saupoudrée de farine; on les couvrira et on les laissera encore trois quarts d'heure; à ce moment on pourra enfourner. Avant de procéder à cette opération, je conseille de donner, à la surface du pain, une petite couche d'eau tiède, ce qui se fait avec

un pinceau ; cette préparation ajoute beaucoup au coup-
d'œil. Cette sorte de pain cuit en quinze à dix-huit minutes,
à l'action d'une bonne température ordinaire, soit 200 degrés environ.

Dans cette espèce de pain, le levain doit toujours entrer
pour la moitié dans la quantité à cuire. Ne jamais oublier
de conserver un morceau de pâte pour le lendemain. Dans
les contrées où l'on peut se procurer de la levure, il sera
toujours mieux d'en mettre, et, dans ce cas, le levain sera
moins fort. Surtout bien préserver la pâte de cette sorte de
pain de tout contact avec le froid, et ne pas craindre de la
manipuler et la tourner plus longtemps que pour les pâtes
ordinaires.

Pour la seconde sorte, le travail sera absolument le même,
sauf l'adjonction des œufs, qui doit se faire dans la propor-
tion de quatre pour un demi-kilog. de pâte. Cette adjonction
d'œufs demande beaucoup de soin.

Après avoir préparé le liquide composé d'eau, de lait et
de beurre, on fouettera les œufs dans un bol, et quand les
jaunes et les glaires seront parfaitement confondus, on y
versera du liquide petit à petit en continuant de bien mêler,
précaution très nécessaire pour éviter que les œufs cuisent
et viennent à l'état solide. Le tout parfaitement mélangé, on
délayera sa pâte comme je l'ai dit à l'autre part, et l'opération se continuera pareillement. On comprend que sur cette
base de panification, on peut à son gré faire du pain de toute
qualité : cela dépend du plus ou moins de lait, de beurre
et d'œufs que l'on emploie, ou encore de la qualité des farines. Certaines personnes ajoutent à ces sortes de pains de
l'anis, de la canelle en poudre, des raisins de corinthe, etc.
Les œufs peuvent être mélangés à la farine, au lieu d'être
délayés dans le liquide, cela est indifférent.

Le pain de gruau, que l'on devrait appeler de son véri-
table nom, **Griot,** est tout simplement la farine de froment blutée à un très haut degré, 30 ou 32 pour 100, en un
mot, les parties les plus nutritives et les plus riches en
gluten. Ce pain étant essentiellement du pain de luxe, on se
sert assez habituellement pour le délayer d'un mélange
d'eau, de beurre et de lait. La manière de le travailler est
identique à celle du pain de fantaisie ordinaire.

Pain médicinal.

Nous avons souvent réussi à lutter très heureusement
contre les relâchements d'intestins et d'estomac en ne man-
geant que du pain préparé comme suit:

J'ai dit d'autre part qu'à chaque pétrissée on conserve un
morceau de pâte qui doit constituer le levain. Or, supposons qu'on ait sous la main ce morceau de pâte, on en
prendra la moitié, et voulant faire un pain médicinal d'environ un kilog., on ajoutera un litre et demi de farine
première qualité, dépourvue de son, et on délayera le tout
dans 6 à 8 **glaires d'œufs frais,** en ajoutant un peu
de sel. Le tout sera manipulé à fond et formé en pâton
qu'on laissera lever deux heures, après quoi on enfournera.
Si l'on a de la levure de bière, on en ajoutera un peu aux
glaires d'œufs, et, dans ce cas, une heure de lever suffira.

De la pâtisserie.

La pâtisserie proprement dite repose sur quatre sortes de
pâte, que l'on transforme à son gré en une infinité de gâteaux
garnis de viandes, fruits, crêmes, etc., etc.

Dans les ménages, deux espèces de pâte sont particuliè

rement en usage. Ce sont la pâte à dresser et la pâte feuilletée.

La première sert à faire les pâtés de viande, gibier, volaille, etc., etc. La seconde sert à la confection des tourtes
et de ces nombreux petits gâteaux divers.

De la pâte ferme ou à dresser.

Étendez en forme de cirque, sur une table, un litre et
demi de farine ; délayez dans un bol 6 œufs, un peu de sel
fin, battez le tout dans un demi-verre à bière d'eau chaude ;
faites fondre 500 grammes de beurre ; lorsqu'il est parfaitement fondu et à l'état liquide, jettez-y les œufs, puis
au centre du cirque de farine, vous versez le tout, qu'avec
soin vous mélangez à la farine, jusqu'à ce que cela forme un
bloc de pâte assez ferme. Il est superflu de la battre, cette
sorte de pâte devant être très manéable et non pas cassante,
attendu qu'elle est destinée à contenir des viandes qui doivent y cuire et rendre leur jus. Cette pâte, une fois terminée, on lui donne au moyen du rouleau une épaisseur uniforme, et on la découpe suivant la forme qu'on se propose
lui donner. Si le contenant est destiné à un pâté de viande
ordinaire ou de gibier, on pourra donner à la pâte une
épaisseur de cinq millimètres. Avoir surtout la précaution de
bien sonder les parties droites qui se joignent au fond, afin
d'éviter la perte du jus de viande. Les viandes seront pas-
sées au beurre au préalable, et le pâté formé et prêt à être
enfourné, on le garnira, et le tout cuira simultanément. Il
se fabrique des moules en ferblanc, au moyen desquels on
obtient de très jolies formes de pâtés, et où la pâte cuit très
bien.

De la pâte feuilletée.

Contrairement à la pâte à dresser, la pâte feuilletée doit beaucoup lever et être très légère; l'on n'obtient ces résultats qu'à la condition de travailler cette pâte dans un endroit très frais, et, autant que possible, sur une tablette de marbre, de préférence à une table de bois.

Voici une très bonne composition de pâte feuilletée:

Un litre et demi fine fleur de farine;

500 grammes de beurre frais;

Deux œufs, en conservant le glaire de l'un d'eux;

Un petit verre à liqueur de cognac ou de rhum;

Un demi-canon de bière.

Formez la farine en cirque, en ayant le soin d'en conserver environ le quart, puis délayez au centre les deux jaunes d'œuf, une glaire et le demi-canon de bière, formez du tout un pâton, que vous laisserez reposer environ deux heules dans un endroit frais, dans une cave même; au bout de ce temps, saupoudrez une table et le rouleau de farine et commencez à rouler la pâte et saupoudrez fréquemment la table et le rouleau, et à chacune de ces opérations, garnissez la superficie de la pâte de beurre, vous la replierez sur elle-même à plusieurs reprises et la laisserez de nouveau au repos une demie heure, vous recommencerez deux fois ce travail, et l'emploierez alors à votre gré. Pour res petits pâtés Béchamel, on réduit la pâte à deux millimètres et demi d'épaisseur. On la découpe en petits ronds, on place au centre une petite boulette de viande hachée et préparée, et on la recouvre d'un autre morceau de pâte, puis on enfourne. Si ce sont des petits gâteaux que vous désirez cuire, vous leur donnerez telle forme que vous voudrez, au moyen de petits moules qu'on se procure chez tous les ferblantiers ou marchands de quincaillerie. Si, au contraire, c'est une tourte aux fruits, vous découperez un fond de tourtière, y ajouterez des bandes qui formeront les bords qu'on aura toujours le soin de souder au moyen d'une légère couche d'eau, puis on fera cuire le tout après un repos d'une heure, et l'on y ajoutera la marmelade, ou bien on y placera d'abord la marmelade, on laissera lever une heure, et on enfournera. En général, nous nous trouvons mieux du premier mode. Comme complément, on peut recouvrir la marmelade de bandes de pâte étroites, qu'on disposera, en forme de treille, de cercles ou de losanges ; mais cela ne peut avoir lieu que dans le second cas. La pâte feuilletée doit toujours être enfournée à une très haute température.

Il y a encore la pâte à brioche, qui est aussi très en usage, mais elle exige plus de temps à sa confection. C'est la veille qu'on est obligé de la préparer.

Si l'on se propose de préparer une trentaine de belles brioches, on prendra un litre de farine dans lequel on délayera trois ou quatre cuillerées de levure de bière bien fraîche, et un demi-canon d'eau tiède, en former une pâte un peu molle ; si elle était trop ferme avec ces quantités, on ajouterait un peu d'eau tiède. On placera cette boule de pâte dans un panneton, recouverte d'un linge épais, et posé dans un endroit chaud. Au bout d'une heure, le volume sera doublé ; alors on formera en cirque sur une table un autre litre de farine fine, et dans le centre on placera la boule de pâte préparée, en y ajoutant un peu de sel (très peu, si déjà le beurre à employer est salé) et 15 œufs ; puis, dans la valeur d'un demi-canon de lait très chaud, on ramollira environ un kilog. de beurre, qui sera ajouté au reste, et du tout on formera une pâte qu'on pétrira avec légèreté.

Prenant alors une serviette bien saupoudrée de farine, on y placera ce bloc de pâte, et le tout mis dans un panneton soigneusement recouvert sera déposé dans un endroit aussi chaud que possible. Après 12 à 14 heures de repos, on pétrira de nouveau pendant cinq minutes, et on laissera encore reposer deux heures. Au bout de ce temps, on en formera des petits mamelons, qui seront surmontés d'une petite boule. Ce travail devra se faire très légèrement.

Les brioches ainsi disposées seront rangées dans les formes à pain, ou sur des plaques de tôle légèrement huilées au préalable, et seront laissées une heure dans l'armoire porte-forme. Puis on enfournera ; il est bien qu'elles soient soumises à une température très élevée, soit 250 à 275 dégrés, et, en 15 minutes, elles devront être parfaitement cuites.

Bien mettre en note que le travail de cette pâte doit se faire très légèrement ; inutile de battre, mais simplement tourner et retourner doucement. En conservant toutes les mêmes proportions, mais ajoutant un troisième litre de farine et deux cuillerées à café de levure, on obtiendra une pâte plus ferme, avec laquelle on pourra très facilement faire d'excellents petits pains pour le thé.

Il se fait une sorte de pain d'épice qui est facile à se procurer et d'une très agréable consommation ; voici sa composition :

Si on désire en faire une petite provision, car il se conserve comme les biscuits, prendre les proportions suivantes : 1 kilogramme 1/2 de belle farine, 1 kilogramme sucre blanc en poudre, 10 grammes canelle pilée, 5 grammes de grains d'anis broyés, 250 grammes d'amandes douces pilées et grillées préalablement, un zest de citron haché très fin, fairé un mélange du tout dans une grande terrine ;

puis faire fondre et bouillir 1/2 kilogramme de très bon miel blanc, dans lequel vous jetterez deux ou trois fortes cuillerées de cognac ou de rhum ; aussitôt que le miel sera en ébullition, versez-le dans la terrine ; ajoutez la valeur de deux petits verres à liqueur de levure de bière, et avec une forte spatule ou une cuiller de bois, faites du tout un mélange parfait ; lorsque cela sera à l'état de pâte, maniez-le quelques instants, puis, l'étendant sur une table au moyen du rouleau, vous découperez par bandes et en ferez une provision de petits biscuits que vous laisserez reposer deux heures.

Vous lavez le dessus de chacun d'eux au moyen d'un pinceau trempé dans du lait ou du sirop de gomme et vous enfournez. Pour l'enfournement, on peut ranger les biscuits sur des feuilles de papier et les placer au four de la sorte : ils sont plus vite cuits que dans les formes à pain. Aussitôt la sortie du four, on les saupoudre de sucre pilé.

Des diverses coutumes en France.

Chaque contrée a ses usages et coutumes en toutes choses, et surtout pour la manière de faire le pain.

Ici, on ne vend que des pains de 2 à 3 demi-kilog., ; en Normandie, on les fait de 8 à 12 ; ailleurs, on les veut longs ou bien ronds et très épais, ou bien encore très plats. Dans certaines contrées, le pain cuit dans des formes en fer est répudié ; dans telle autre, il y est préféré : tout cela prouve que l'on peut dire avec vérité : Chaque pays, chaque mode. Pour mon compte, de concert avec **M. Mollet,** chef aux subsistances de la marine française, qui a écrit un excellent ouvrage sur la meunerie et la boulangerie, je prétends qu'en tel four que cela soit, le pain cuit dans des formes en tôle sera toujours celui du plus heureux aspect et le plus agréable au goût. On parle de goût de fer, je réponds : « Préjugé. » La pâte soumise à l'action du fer chaud ne peut prendre aucun goût, attendu que le fer est insipide ; s'il avait une odeur, s'il laissait échapper des exhalaisons, s'il avait un goût, je m'expliquerais cette répugnance, mais rien de tout cela n'existe.

Les anciens se servaient de formes en fer pour cuire leur pain ; cette méthode est toujours en pratique dans beaucoup de pays (1), tant à l'Orient qu'à l'Occident, en Angleterre, en Belgique et en Hollande plus particulièrement. Or, pourquoi rejeterait-on ces moyens ? Pour ma part, je les adopte depuis bien des années, et je m'en trouve très bien. Je conseille à tous ceux qui se serviront de mes appareils, de faire de même. Toutefois, je n'impose rien, et le moyen de cuire indistinctement dans mes fours, sur le carreau de terre ou sur le fer, n'est pas le moindre perfectionnement que comporte ma boulangerie. On y cuit donc à son gré sur le

---

(1) Extrait de l'ouvrage de M. Rollet :

» Dans le but d'obtenir des pains très propres, Malisset, dont le nom est très connu dans les annales de la boulangerie, avait imaginé, vers l'an 1760, à l'imitation de ce que pratiquaient les Romains, lorsqu'ils faisaient le pain qu'ils nommaient *artopticius*, de mettre les pains en pâte à prendre leur apprêt dans des moules en tôle, avec lesquels on les enfournait pour les faire cuire.

» Cette méthode fort ancienne, remise en essai par un habile praticien, fut adoptée en Angleterre, où, avec de la constance, on est parvenu à l'appliquer de manière à obtenir un pain parfaitement cuit et à réaliser une économie notable dans la fabrication. La bonne qualité du pain est incontestable, et le mauvais vouloir peut seul motiver le rejet de ce mode d'opérer, qui, depuis soixante ans, reçoit une application générale dans la plupart des boulangeries de l'Angleterre, dans une partie de celles de Belgique et d'Allemagne, et dans beaucoup de boulangeries de luxe en France. »

carrelage ou sur le fer : chacun à cet égard en fait à sa mode. Ce que j'ai cherché en tenant ce langage a été de prémunir les personnes qui se proposent de faire le pain elles-mêmes contre ces préjugés, qui, en vérité, n'ont aucune raison d'être. De plus, toutes les parois intérieures étant doublées de carreaux réfractaires, on est assuré que le pain au gré des amateurs sera dépourvu de tout contact avec le fer.

Le pétrissage mécanique est aussi un objet d'aversion pour beaucoup de monde. Ah ! ça ne vaudra jamais les bras ! Ah ! la pâte n'est pas battue comme elle l'est par les geindres ! Enfin, on a toujours fait du bon pain à la main, quelle idée de changer ? Et ce langage est tenu par une foule de gens qui ont du bon sens, qui ont de l'instruction, mais qui par contre, possèdent au suprême degré le préjugé.

Sans doute, toutes les fois qu'il s'agira de pétrir de très faibles quantités de pâte, de 1 à 2 kilog. par exemple, le pétrissage mécanique sera évincé ; mais je prétends que du moment où il s'agira de pétrir de 4 à 5 kil., on fera toujours mieux de se servir du pétrin mécanique. Au reste, on y arrivera, parce que c'est un progrès, et que toujours le progrès, tel lentement que cela soit, arrive à se faire jour. En établissant les miens, j'ai surtout cherché à diminuer la fatigue des personnes chargées de pétrir la pâte. Toutefois, malgré que ce travail s'accomplisse avec eux plus vite et mieux que par les moyens manuels, encore faut-il ne pas prétendre en obtenir plus qu'on ne le pourrait raisonnablement.

Jusqu'aujourd'hui les personnes qui se sont occupées de machines à pétrir se sont particulièrement attachées à chercher le moyen de pétrir une grande quantité de pâte à la fois, et on conçoit que travaillant à l'intention de la boulangerie industrielle, et ne pouvant pas se dispenser de lui demander un prix élevé de leurs engins, il fallait bien racheter cela par une qualité; en général, c'est sur la quantité de pâte à pétrir qu'ils se sont rejetés. Ils ont produit des appareils permettant de rendre en une heure environ de 3 à 400 kilog. de pâte. Ces chiffres ont séduit quelques boulangers, un bien petit nombre toutefois; mais, disons-le, à quelle condition de fatigue ces pétrins fonctionnent-ils? Pour pétrir 400 kilog. de pâte, il faut quatre geindres employés pendant une heure, lesquels gagnent de 3 à 4 fr. par jour; avec le pétrin mécanique, il ne faut, pendant une heure, que deux journaliers gagnant 2 fr. Mais, en vérité, nous devons le dire, ces deux malheureux qui pendant une heure s'étendent les bras et emploient toute leur force à mouvoir le pétrisseur, sont bien autrement exténués que ne le sont les geindres par le pétrissage à la main. Donc, là n'est point le progrès, tant s'en faut.

J'ai souvent voulu combattre cet état de choses par les pétrissées multipliées : on m'a encore répondu par un préjugé. Ainsi, je disais : Vous avez un four qui ne cuit que 200 kilog. de pâte, et vous persistez à vouloir ne faire que des pétrissées de 250 kilog., parce que, dites-vous, si vous en faites deux de 100 kilog. chacune, le pain ne sera pas le même, et voulant conserver 50 kilog. de levain pour la pétrissée suivante, je ne puis me dispenser de pétrir 250 kil. de pâte d'un seul coup. Voilà bien cette malheureuse routine dévoilée, cette routine qui nous vaut que depuis des siècles la boulangerie est restée au même point, n'a pas fait un pas vers le progrès, ou plutôt, disons le mot, n'a pas voulu faire un pas vers le progrès. Pour mon compte, je suis prêt à prouver quand on le voudra, que rien ne s'oppose à ce que les pétrissées soient multipliées, et je prétends même que c'est au bénéfice de la pâte, pour le bien-être de laquelle il est toujours mieux que le travail du pétrissage soit exécuté très vivement. Une pétrissée de 250 kilog. exige une heure et un pétrin de 6 à 800 fr. ; or, si une pétrissée de 125 kil. est faite en vingt minutes avec un pétrin de 250 francs, il y aura immense avantage à avoir deux pétrins de 250 francs chacun, fonctionnant simultanément. Les hommes y gagneront de dépenser moins de puissance et la pâte n'en sera que plus promptement malaxée. Je persiste donc à conseiller l'emploi de machines rendant peu à la fois, mais vite et bien. Ces observations peuvent s'appliquer aux grandes familles et aux établissements privés ou publics.

Ce sont surtout les hôpitaux, les couvents de femmes et les fermes qui devront adopter ces moyens, car si la pâte doit être pétrie par des jeunes filles, il est mieux que leurs forces soient ménagées.

De la mouture.

Certainement, ce serait un bien grand problème résolu, si chacun, achetant son blé au marché, pouvait le moudre, le bluter, le panifier chez soi, sans trop d'embarras et sans de trop grands frais d'installation.

Après avoir complété ma boulangerie, je me suis occupé de rechercher les appareils les plus heureusement établis; j'en ai trouvé beaucoup ; mais, je dois le dire, un très grand nombre ne pourront jamais être mis en usage, leur disposition vicieuse leur vaudra de demeurer dans le néant. Sans doute les difficultés à vaincre sont grandes, mais néanmoins, il y a là tant à faire, que très positivement, un jour viendra, où un moulin bien conditionné, bien perfectionné, sera mis à la disposition du public. Déjà il en existe, qui certainement dénotent de la part de leurs auteurs, de véritables connaissances mécaniques et sont le fruit de longues études ; mais par cela même qu'ils ont coûté beaucoup à établir, leur prix est encore trop élevé pour les voir se répandre autant qu'on le désirait. Que l'on comprenne bien toutefois, qu'en les disant d'un prix élevé, je n'entends pas dire qu'ils soient trop chers, nullement, mais je veux faire comprendre à leurs propriétaires que leurs prix sont à la portée du plus petit nombre, et qu'il est de leur intérêt de travailler à arriver par des économies bien entendues et d'intelligentes simplifications à produire des moulins complets à des prix qui les rendent accessibles à tous.

Les appareils perfectionnés que je crois pouvoir recommander sont ceux de :

MM. PENNIN frères, constructeurs à Douai ;

MM. ROUOT père et fils, à Châtillon-sur-Seine ;

M. BOUCHON, à La Ferté-sous-Jouarre ;

MM. WILLIAM DRAY et Cᵉ, Swan-Lane, à Londres ;

MM. WEDLAKE et Cᵉ, 118 Fenchurch street, à Londres.

J'ai vu fonctionner chacun d'eux, et je crois pouvoir garantir que leur usage ne serait l'objet d'aucune déception pour ceux qui se les appliqueraient.

Du blutage.

C'est déjà une première garantie de pouvoir se borner à un seul intermédiaire, et achetant son blé au marché, de n'avoir à passer que par le meunier. Il faut donc autant que possible se charger de bluter soi-même.

On fabrique de très jolis et excellents blutoirs qui rendent de belles farines. Chez moi, on se sert tout modestement d'une caisse fermée, à l'intérieur de laquelle on promène sur deux tringles un tamis ordinaire. Nous en avons

trois, qui sont chacun d'une grosseur différente, et qui rendent conséquemment trois qualités de farines.

Renseignements généraux.

Je ne puis me dispenser de donner les moyens de préserver
les matières premières de leurs ennemis ordinaires. Dans le
matériel de notre boulangerie se trouve une caisse à farine
qui en peut contenir de 125 à 130 kilog., soit un sac d'un
hectolitre et demi, mesure ordinaire des blés pris au marché.
Quand on aura vidé un sac de farine dans cette caisse, ou
lorsque l'on fera la même opération dans tel réservoir que
cela soit, il faudra, pour l'heureuse conservation de la farine,
la remuer tous les quatre à cinq jours à l'aide du bâton mê-
leur, qui fait partie des ustensiles, et on y enfoncera les deux
tuyaux aérateurs qui y sont joints à cèt effet. S'il arrivait
qu'on jugeât devoir acheter plusieurs sacs de blé à la fois, et
qu'on n'eût pas sous la main de quoi les installer, mieux est
de n'en faire moudre qu'un et de conserver les autres dans
des sacs, en ayant soin de les remuer de temps à autre. Pour
que cette opération se fasse aisément et sans fatigue, il sera
préférable de les mettre par demi ou par quart de sac ; de
cette façon, on les retourne plus commodément. Ces précautions sont essentielles, si l'on veut empêcher la naissance
des vers de farine et des charançons.

S'il s'agissait de farines industrielles, ces précautions se-
raient encore plus nécessaires, car elles s'échauffent généralement plus vite encore que la farine de pur froment. J'ai
prôné jusqu'à présent cette dernière farine, parce que positivement c'est avec elle qu'on obtient le pain le plus subs-
tantiel et le plus pur, mais cela ne veut pas dire qu'il soit
celui-préféré de tous, tant s'en faut. Certaines personnes

le trouvent plus lourd que celui fait de farines industrielles ; il est certain qu'avec ces dernières on obtient du pain plus spongieux, plus léger, que celui qu'il est possible d'obtenir avec la farine pur froment, mais, par contre, on en mange beaucoup plus ; j'estime que 500 grammes de pain pur blé contiennent autant de parties nutritives que 625 grammes de pain de fleurs industrielles. Il y a de plus à observer cette particularité que le pain de pur blé se conserve long-temps à l'état frais, tandis que l'autre est sec et dur après trente-six heures.

Dans la boulangerie industrielle, on a intérêt à ce que le pain soit d'un volume très développé ; pour obtenir ce résultat on travaille la pâte très vivement dans des endroits très chauds ; on la forme de forts levains frais ; on l'enfourne à une très haute température, et on ne laisse pas le pain au four au-delà de trente à trente-cinq minutes, en dehors de ces conditions, le pain perdrait de son humidité et pourrait ne pas conserver son poids de rigueur.

En matière de ménage, c'est l'opposé. Là, on ne tient pas à ce que le pain conserve beaucoup d'eau, on désire même qu'il en perde le plus possible ; on obtient ce résultat en en-fournant à une chaleur raisonnable et laissant au besoin le pain de quarante à cinquante minutes au four, si l'on recon-naît que ce soit nécessaire.

Pour les personnes qui n'aiment pas à cuire le pain dans des formes en fer, il y a lieu de donner la marche à suivre pour le lever de la pâte.

Le mode le plus commode est de se servir de pannetons. Il s'en fait de différents genres, en paille, en bois doublé de toile, et en toile double très raide. Les tarifs donnent les prix de chacune d'elles. Dans les boulangeries, on se sert de planches, sur lesquelles on déploie une toile, on y pose

les pains qui sont recouverts d'une autre toile. Pour une famille, ce serait positivement le plus incommode moyen, et
les pannetons sont infiniment préférables.

Dans certaines maisons, on range le pain sur des étagères; je recommande tout particulièrement de ne jamais
employer le bois de sapin pour cet usage : la résine qu'il
contient donne au pain un goût très désagréable.

Nous savons que l'emploi des formes en tôle a pour but
principal d'économiser le terrain. Mais il n'est pas essentiel
que le pain y demeure tout le temps de la cuisson. Au bout
de vingt à vingt-cinq minntes environ, la croûte est formée ;
on peut très bien alors vider les formes et replacer le pain
sur les soles. Cette opération, qui est très simple et très facile, ne nuit en rien que ce soit à la parfaite cuisson, et, au
contraire, contribue à sécher complètement le pain.

Les formes en tôle exigent d'être de temps à autre très
légèrement huilées extérieurement, c'est le meilleur moyen
de les conserver longtemps en bon état.

Les fours portatifs peuvent être entourés d'une enveloppe de maçonnerie ou carrelage, mais en ayant soin de
laisser un libre accès aux trappes destinées au nettoyage
des conduits et plate-forme. Cet entourage a pour bon
effet de concentrer mieux encore la chaleur intérieure.

Comme garantie contre toute erreur ou déception, je conseille de ne jamais s'en rapporter qu'à des mesures exactes.
Le meilleur moyen est de mesurer, et il est certainement
plus commode de mesurer un litre de farine que d'en peser
un demi-kilog.

Bien mettre en note que le levain excepté, il faut, en farine première qualité, pour trois litres comble de farine, un
litre d'eau, et pour du pain bis, il faut deux litres et demi de
farine et un litre d'eau. Généralement ce sont les doses

à adopter. Maintenant, il est possible que la farine soit d'une qualité qui absorbe plus ou moins d'eau, et, en ce cas, il restera soit un peu de la farine mesurée ou on en ajoutera un peu, mais très positivement si on demeure dans les proportions citées plus haut, cela roulera toujours sur de très faibles différences en plus ou en moins.

En été, le lever de la pâte se fait beaucoup plus vivement qu'en hiver; aussi faut-il qu'en hiver le feu destiné à donner à l'armoire étagère la chaleur nécessaire, soit un peu plus actif. Dans toutes les saisons, il faut que la pâte soit couverte et privée du contact avec l'air. En hiver, ou par une température froide, on fera bien de forcer un peu le volume du levain, ou la quantité de levure de bière. Lorsque la position le permet, il est toujours mieux de n'employer que des farines qui soient moulues depuis un mois au moins, le rendement en est toujours meilleur.

La levure de bière y joue aussi un grand rôle. Lorsqu'elle est bien fraîche, le résultat est beaucoup plus prompt; il faut autant que possible n'avoir à faire qu'à un très honnête marchand de levure. La levure fraîche n'a pas d'odeur acide ; elle ne rougit pas le papier bleu de tournesol, et elle exerce une action vive sur la pâte.

On annonce une nouvelle levure artificielle, découverte par un Hongrois, qui serait commune à toutes les contrées; les journaux nous diront ce qui en est.

Emploi des fours pour la cuisson des aliments.

J'ai dit qu'en me créant des appareils de boulangerie, je m'étais appliqué à trouver le moyen de cuire indistinctement du pain et toute espèce d'aliments. Malgré que cette

ressource ne soit qu'un auxiliaire ou supplément, elle est
suffisamment importante pour indiquer le moyen de l'utiliser.

Tout d'abord, que l'on mette en note que dans les fours
portatifs la cuisson s'opère à l'étouffé, aussi bien pour les
objets bouillis que rôtis. La différence gît tout simplement
dans la nature du contenant. Voici comment on opère chez
moi : la cuisinière a d'abord trouvé des obstacles ; c'était
impossible ; rien ne serait bon, etc., etc.; petit à petit, elle
s'y est habituée, et aujourd'hui, on trouve que, dans une
foule de cas, c'est plus expéditif et bien moins exigeant que
de cuire à feu découvert. Je transmets textuellement les
détails recueillis de notre cuisinière :

Pour le bœuf bouilli, elle met la viande à huit heures du
matin, dans une marmite en fer battu étamée, qui reçoit
toujours une quantité d'eau froide correspondant à un litre
d'eau pour un demi-kilog. de viande; elle jette le sel et met
la marmite au four; elle entretient son feu tout doucement,
et à neuf heures et demie, elle retire la marmite pour y
jeter les légumes, et puis c'est chose terminée; elle n'y re-
garde plus jusqu'à midi trois quarts, heure à laquelle elle
dresse son potage. Comme elle n'écume pas, elle passe le
bouillon dans une passoire percée de trous très fins; elle
trouve que toujours la viande est beaucoup plus tendre
cuite de cette manière que cuite à feu découvert; elle ob-
serve qu'il est inutile de faire du grand feu, le tout n'ayant
nullement besoin de bouillir; 150 degrés suffisent.

Elle opère de même pour toute espèce de légumes, de
volaille et poisson bouillis, etc., en ayant soin de laisser au
four un laps de temps moindre, suivant la nature des aliments.

Lorsqu'il s'agit de viandes à rôtir, elle les installe dans

un plateau de fer étamé, et elle place ce plateau indistinctement sur une étagère ou dans l'espace vide tout en bas contre le foyer : s'il s'agit de côtelettes ou de beefteacks, elle les place en haut; si c'est une volaille, un gigot ou un rosbeef, c'est tout en bas qu'elle le pose. Dans le second cas, elle retourne plusieurs fois la viande; dans le premier, le plus souvent, elle n'y touche pas.

Une volaille demande une demi-heure ;

Des côtelettes de mouton, dix minutes ;

Des côtelettes de veau, quarante minutes ;

Un gigot ; une heure et demie ;

Un rosbeef, deux heures.

Tout cela est, au reste, un peu subordonné à la force de l'objet. Les rôtis exigent une plus forte chaleur.

Règle générale : il est convenable de tourner de temps à autre la manivelle pour faire pivoter les étagères.

J'ai dit que chez moi on se sert d'ustensiles à cuire en fer battu étamé ; je conseille plus particulièrement ceux de **MM. JAPY FRÈRES**, rue du Temple, à Paris, dont on trouve dans toutes les villes de France les produits, qui sont parfaitement en accord avec les exigences de mes appareils. Toutefois, il n'y a là aucune obligation, et l'on peut également bien se servir d'ustensiles en fer blanc ou en faïence solide, qui résiste à l'action du feu ; ceci est purement une affaire de goût.

Dans les fours fixes, où les mêmes ressources existent, il y a à ajouter la contenance des chaudières, qui permettent de cuire tous les aliments bouillis, et cela dans de très grandes proportions.

De la conserve des fruits et des légumes.

A la ville comme à la campagne, bien des personnes reculent devant la transformation de fruits en marmelades ou confitures, et cela surtout en raison de la quantité de sucre qu'elles exigent. Mes fours offrent cet agrément de faciliter la conserve des fruits divers sans aucune dépense. Voici quelques méthodes que je recommande aux dames :

Les poires de toute nature se conservent sèches, mais plus particulièrement bonnes, celles qui sont juteuses et sucrées. Leur préparation est peu exigeante : il faut les peler entières, en ayant le soin de conserver les pelures; au fur et à mesure qu'on les pèle, on les place dans un vase creux en faïence; autant que possible que les bords aient de 4 à 5 centimètres de hauteur et que le fond soit plat; les poires s'empilent sur deux ou trois tas de hauteur, on verse un peu d'eau, à raison d'un verre pour vingt poires, on recouvre le tout avec les pelures et on enfourne au moment où l'on allume le feu pour ne défourner qu'avec le pain. Les pelures servent à protéger les poires contre la grande ardeur du calorique. Les poires retirées, on les range sur des nattes d'osier, et on les replace au four alors qu'il est encore un peu chaud; le lendemain, on presse les poires pour les aplatir et on les remet dans le four, où l'on entretient un petit feu. Cette opération se renouvelle deux ou trois fois suivant la qualité du fruit. Il doit toujours se trouver un peu de jus au fond du vase; on s'en sert pour y tremper les poires quand elles ont été aplaties. Bien sèches, il ne reste qu'à les ranger dans des caisses placées dans un endroit sec.

Les prunes communes seules se sèchent, les reine-claudes coulent à la chaleur et s'y détériorent.

Ne prendre que des prunes très mûres; celles tombée naturellement sont les meilleures. Il suffit de les ranger en une seule épaisseur, sur les petites nattes d'osier, les mettre au four à une température de 120 degrés, et les re tourner de temps à autre.

Les cerises se sèchent de même, mais ne pas employer d'autres cerises que celles appelées cerises naturelles.

Les pommes se sèchent également d'après les mêmes modes, toujours à sec, sans jus, et sans être empilées, seulement comme les poires elles doivent être pelées.

Les légumes, tels que haricots, petits pois, fèves, artichauts, persil, etc., se sèchent de même, mais toujours à petit feu.

Description et usage des ustensiles qui accompagnent nos appareils.

Le petit blaireau, de forme ronde, sert à huiler les formes à pain, ce qui se fait toujours très légèrement, mais avec la précaution que toutes les parties en soient couvertes. On huile les formes au moment du pétrissage.

Le pinceau, de forme carrée, sert à dorer la pâte, soit au moyen d'eau tiède ou de lait.

Les gants, ou sacs de toile garnis de cuir, préservent de toutes brûlures en travaillant; ne jamais négliger de s'en servir, ils sont d'excellents protecteurs.

Le couteau à longue lame sert à détacher le pain des formes, ce qui arrive quelquefois lorsque l'on a huilé sans soins.

La forme modèle est une petite corbeille en osier qui dispense de tourner la pâte. Après avoir été découpée, on pose chaque morceau dans la forme modèle, on le tasse un peu pour lui donner une surface plane et on le retourne dans la forme en tôle, ou dans le panneton de toile ou de paille, suivant le mode adopté pour la cuisson. La forme modèle doit être doublée de toile. Elle doit toujours être saupoudrée de farine chaque fois que l'on s'en sert.

La coupe au levain est un vase en bois dans lequel on prépare le levain.

Les couchettes ou coussins-couches sont des petits tapis qui préservent la pâte du contact de l'air extérieur.

La rasette sert à attirer vers soi la suie qui peut s'être amoncelée dans les conduits de fumée.

Le thermomètre sera toujours préservé avec soin; une petite vis sert à le fixer à la façade du four.

La pelle à la braise, dispense d'une éteinte; elle est suffisamment grande pour contenir la braise d'un four de famille,

L'étagère porte-forme peut indistinctement se poser sur le dessus du four, ou se loger le long des parois du four.

Les tuyaux aérateurs, doivent toujours être placés debout dans la farine, et dépasser de quelques centimètres.

A l'intention des personnes qui, en faisant acquisition d'une boulangerie aiment à pouvoir la faire fonctionner en la recevant, j'ai établi un matériel de boulangerie complet dont voici le détail.

Le tout s'expédie en trois caisses.

La Boulangerie de famille complète
se compose de:

Un four N° 1 portatif ou fixe.
Un pétrin N° 1.
Six formes à pain en tôle.
Un foyer au bois.
Un foyer au charbon de terre.
Deux chenets.
Un gril.
Un tiroir aux cendres.
Une bouilloire pour eau chaude.
Un rond de fer.
Un thermomètre.
Un tisonnier.
Une pelle au charbon.
Une pince au bois.
Deux gants de toile.
Une pelle à la braise.
Deux pelles à enfourner.
Deux menottes garnies de fer.
Un pique-pain.
Un pinceau à huiler.
Une boîte à l'huile.
Une rasette à la suie.
Un couteau à détacher.
Une pince à formes.
Une étagère porte-formes.
Une brosse à frotter le four.
Un vase à la mine de plomb.
Six couchettes.

Une caisse à farine.
Une maie.
Une échelle bluteuse.
Deux tamis pour le blutage.
Une pelle à farine.
Un bâton à remuer.
Deux tuyaux aérateurs.
Un sac au son.
Deux pannetons en toile.
Une forme modèle.
Un gratte-pétrin.
Un coupe-pâte.
Une rasette en bois.
Une coupe au levain.
Un décilitre.
Un demi-litre.
Un litre.
Un double litre.
Un pot à la levure.
Une cuiller à la levure.
Une boîte au sel.
Une marmite pour 6 lit^{res} bouillon.
Quatre marmites assorties.
Deux plats à rôtir.
Une tourtière.
Deux formes à gâteaux.
Un rouleau à pâte feuilletée.
Un découpoir double à roulettes.

TABLE

Lille. Imp. E. Reboux.

9 782329 073675